Impressum
Verlag: BABADADA GmbH, Nedderfeld 112 , 22529 Hamburg
Geschäftsführer / Verlagsleitung: Harald Hof
Druck: Books on Demand GmbH, In de Tarpen 42, 22848 Norderstedt

Imprint
Publisher: BABADADA GmbH, Nedderfeld 112 , 22529 Hamburg, Germany
Managing Director / Publishing direction: Harald Hof
Print: Books on Demand GmbH, In de Tarpen 42, 22848 Norderstedt

d Schuel
colegio

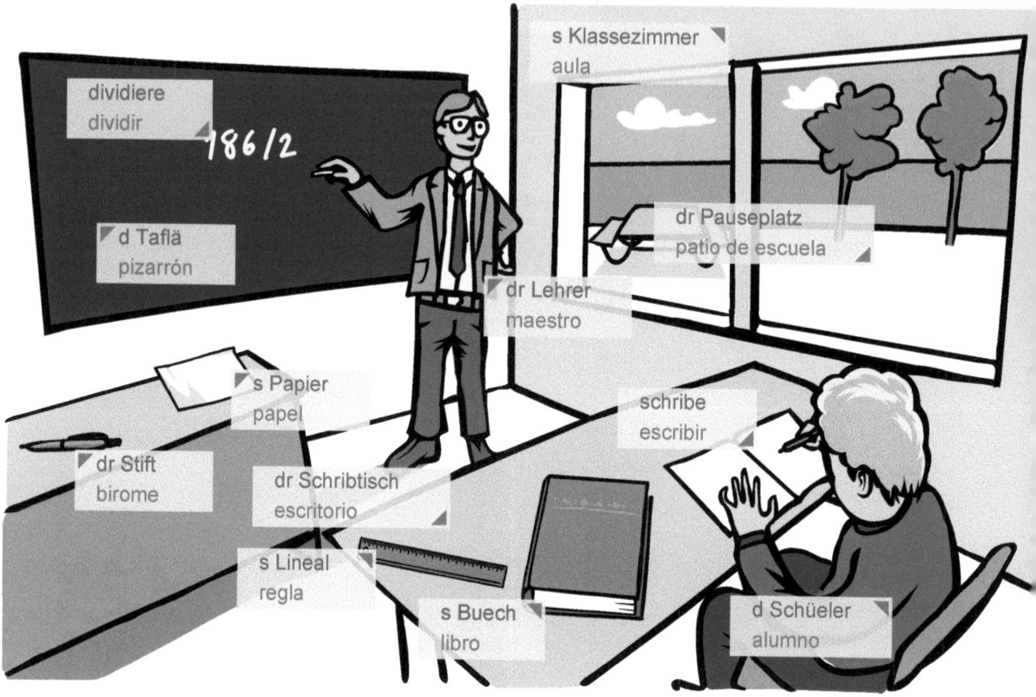

s Klassezimmer
aula
dividiere
dividir
186/2
d Taflä
pizarrón
dr Pauseplatz
patio de escuela
dr Lehrer
maestro
s Papier
papel
schribe
escribir
dr Stift
birome
dr Schribtisch
escritorio
s Lineal
regla
s Buech
libro
d Schüeler
alumno

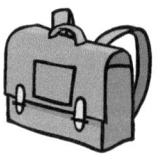

dr Thek
mochila

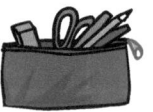

s Etui
caja de lápices

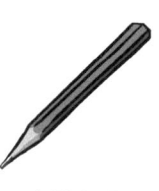

dr Bleistift
lápiz

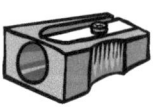

dr Spitzer
sacapuntas

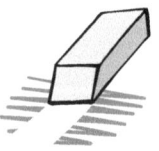

s Radiergummi
goma (de borrar)

dr Zeicheblock
bloc de dibujo

d Zeichnig
dibujo

dr Pinsel
pincel

dr Malchaschte
caja de pinturas

d Schär
tijera

dr Liim
pegamento

s Üebigsheft
cuaderno de ejercicios

d Huusufgabe
tarea

12

d Zahl
número

2+2

addiere
sumar

5-2

subtrahiere
restar

2×2

multipliziere
multiplicar

rächne
calcular

A

dr Buechstabe
letra

ABCDEFG
HIJKLMN
OPQRSTU
VWXYZ

s Alphabet
abecedario

hello

s Wort
palabra

dr Text

texto

läse

leer

d Kriide

tiza

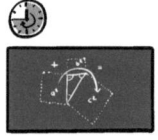

d Lektion

lección

s Klassäbuech

cuaderno de clase

d Prüefig

examen

s Zügnis

certificado

d Schueluniform

uniforme escolar

d Usbildig

educación

d Enzyklopädie

enciclopedia

d Universität

universidad

s Mikroskop

microscopio

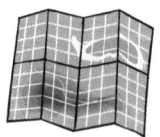

d Charte

mapa

dr Papierchorb

tacho (de basura)

d Schuel - colegio

d Reis
viaje

s Hotel
hotel
Grand
d Härbärg
hostel
ROOMS
CHANGE
d Wächselstube
casa de cambio
dr Koffer
valija
s Auto
auto

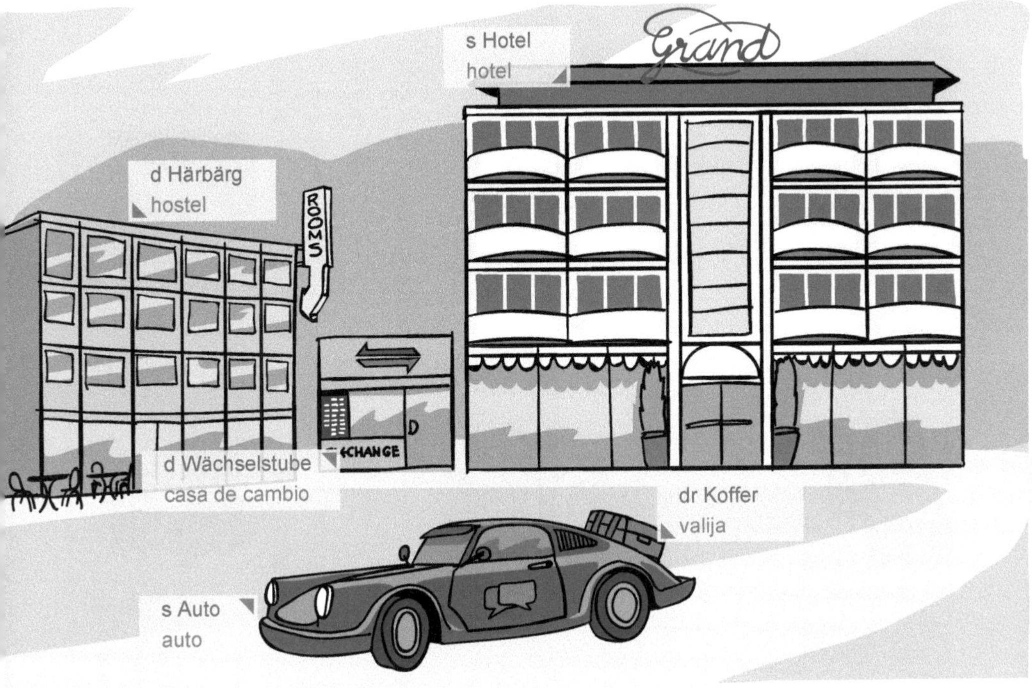

d Sprach

idioma

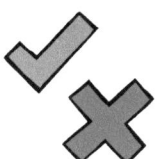

jo / nei

sí / no

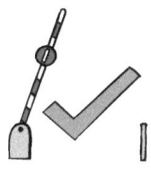

okay

Está bien

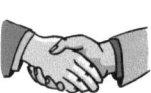

Hallo

hola

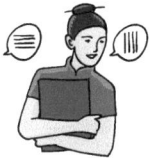

dr Dolmetscher

traductor

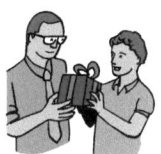

Dankä

Gracias

Was chostet…?

¿cuánto cuesta…?

Ich vrstahs nöd

No entiendo

s Problem

problema

Guete Abig!

¡Buenas tardes!

guete Morgä!

¡Buenos días!

guete Abig!

¡Buenas noches!

Uf Wiederseh

adiós

d Richtig

dirección

s Bagaasch

equipaje

d Täsche

bolso

dr Rucksack

mochila

dr Gast

invitado

dr Ruum

habitación

dr Schlafsack

bolsa de dormir

s Zält

carpa

d Touristeninformation

información turística

dr Strand

playa

d Kreditkarte

tarjeta de crédito

s Zmorge

desayuno

s Zmittag

almuerzo

s Znacht

cena

s Billet

pasaje

dr Ufzug

ascensor

d Briefmarke

sello

d Gränze

frontera

dr Zoll

aduana

d Botschaft

embajada

s Visum

visa

dr Pass

pasaporte

dr Transport
transporte

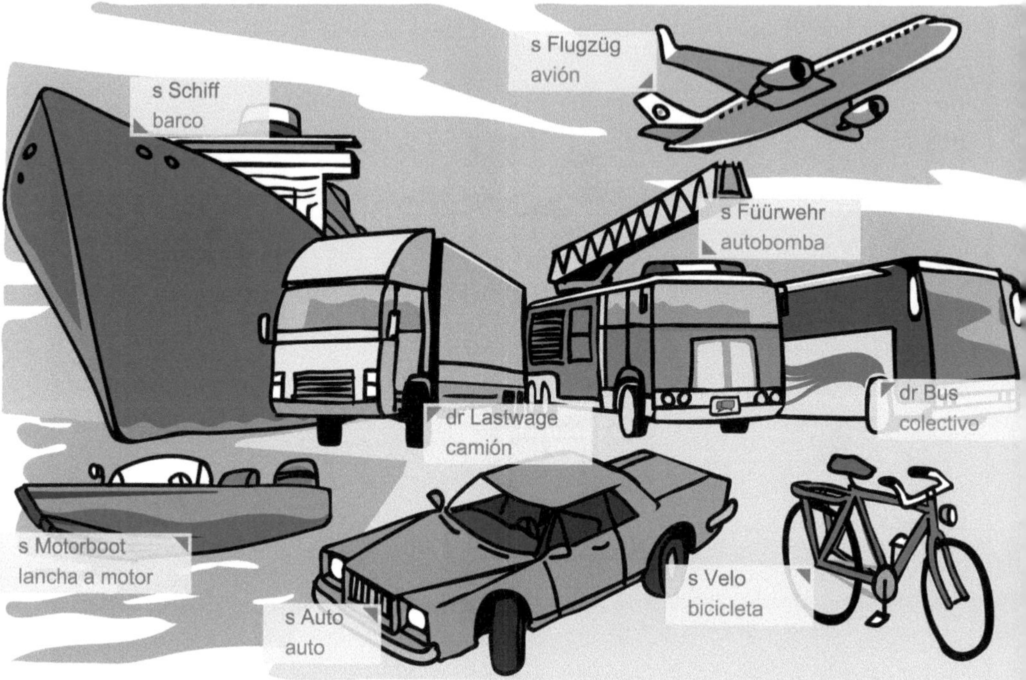
s Flugzüg
avión
s Schiff
barco
s Füürwehr
autobomba
dr Lastwage
camión
dr Bus
colectivo
s Motorboot
lancha a motor
s Velo
bicicleta
s Auto
auto

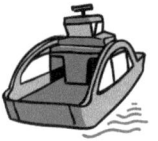

d Fähri

ferry

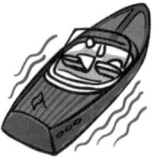

s Boot

bote

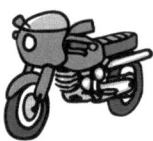

s Töff

moto

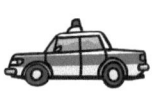

s Polizeiauto

patrullero

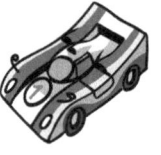

s Rännauto

auto de carreras

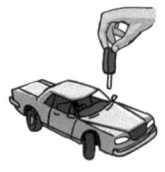

dr Mietwage

auto de alquiler

s Carsharing

alquiler de autos

dr Abschleppwage

grúa

dr Chübelwage

camión de basura

dr Motor

motor

s Benzin

nafta

d Tankstell

estación de servicio

s Verkehrsschild

señal de tránsito

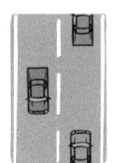

dr Verchehr

tránsito

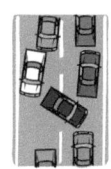

dr Stau

embotellamiento

dr Parkplatz

estacionamiento

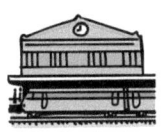

dr Bahnhof

estación de tren

d Schiene

vías

dr Zug

tren

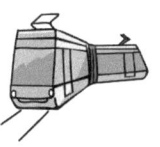

d Strassebahn

tranvía

dr Wagon

vagón

dr Helikopter

helicóptero

dr Flughafe

aeropuerto

dr Tower

torre

dr Passagier

pasajero

dr Container

contenedor

dr Karton

caja de cartón

dr Chare

carretilla

dr Korb

canasta

starte / lande

despegar / aterrizar

d Stadt

ciudad

s Dorf

pueblo

s Stadtzentrum

centro de ciudad

s Huus

casa

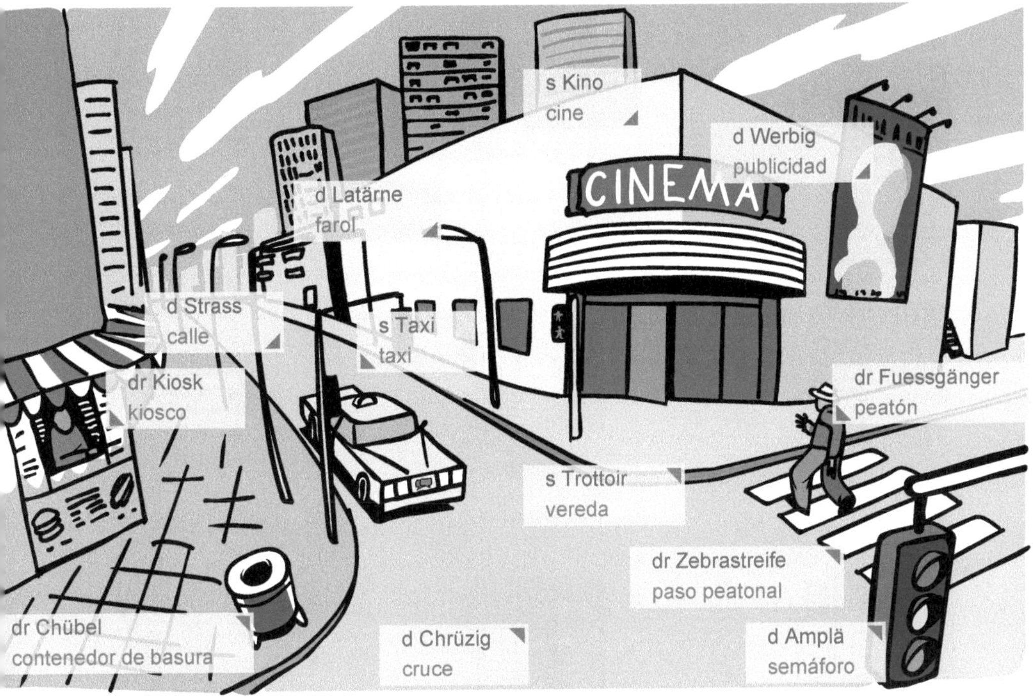

s Kino
cine

d Werbig
publicidad

d Latärne
farol

CINEMA

d Strass
calle

s Taxi
taxi

dr Kiosk
kiosco

dr Fuessgänger
peatón

s Trottoir
vereda

dr Zebrastreife
paso peatonal

dr Chübel
contenedor de basura

d Chrüzig
cruce

d Amplä
semáforo

d Hütte
cabaña

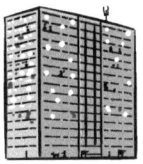

d Wohnig
departamento

dr Bahnhof
estación de tren

s Gmeindshuus
municipalidad

s Museum
museo

d Schuel
colegio

d Stadt - ciudad

d Universität

universidad

d Bank

banco

s Spital

hospital

s Hotel

hotel

d Apotheke

farmacia

s Büro

oficina

s Buechgschäft

librería

s Gschäft

negocio

dr Bluemelade

florería

dr Läbensmittellade

supermercado

dr Märt

mercado

s Chaufhuus

grandes tiendas

dr Fischhändler

pescadería

s Iihkaufszentrum

centro comercial

dr Hafe

puerto

d Stadt - ciudad

dr Park

parque

d Bank

banco

d Brugg

puente

d Stäge

escaleras

d U-Bahn

subte

dr Tunnell

túnel

d Bushaltestell

parada del colectivo

d Bar

bar

s Restaurant

restaurante

dr Briefchastä

buzón

s Strasseschild

letrero

d Parkuhr

parquímetro

dr Zolli

zoológico

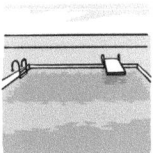

d Badi

pileta

d Moschee

mezquita

dr Buurehof

granja

d Umwältvrschmutzig

contaminación

dr Fridhof

cementerio

d Chile

iglesia

dr Spielplatz

juegos infantiles

dr Tämpel

templo

d Landschaft

paisaje

s Blatt
hoja

dr Wägwiiser
poste indicador

dr Wäg
camino

d Wise
pradera

dr Stei
piedra

dr Baum
árbol

dr Wanderer
excursionista

dr Fluss
río

s Gras
hierba

d Bluamä
flor

s Tal

valle

dr Bärg

montaña

dr See

lago

dr Wald

bosque

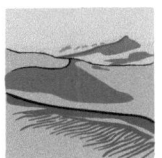

d Wüeschti

desierto

dr Vulkan

volcán

s Schloss

castillo

dr Rägeboge

arco iris

dr Pilz

champiñón

d Palme

palmera

dr Moskito

mosquito

d Fliege

mosca

d Ameise

hormiga

s Biendli

abeja

d Spinne

araña

d Landschaft - paisaje

dr Chäfer

escarabajo

dr Frosch

rana

s Eichhörnli

ardilla

dr Igel

erizo

dr Haas

liebre

d Üle

lechuza

d Vogu

pájaro

dr Schwan

cisne

s Wildschwein

jabalí

dr Hirsch

ciervo

dr Elch

alce

dr Damm

presa

d Windturbine

aerogenerador

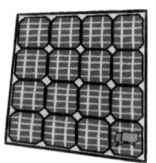

dr Sunnekollektor

panel solar

s Klima

clima

s Restaurant
restaurante

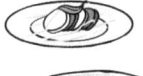

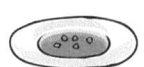

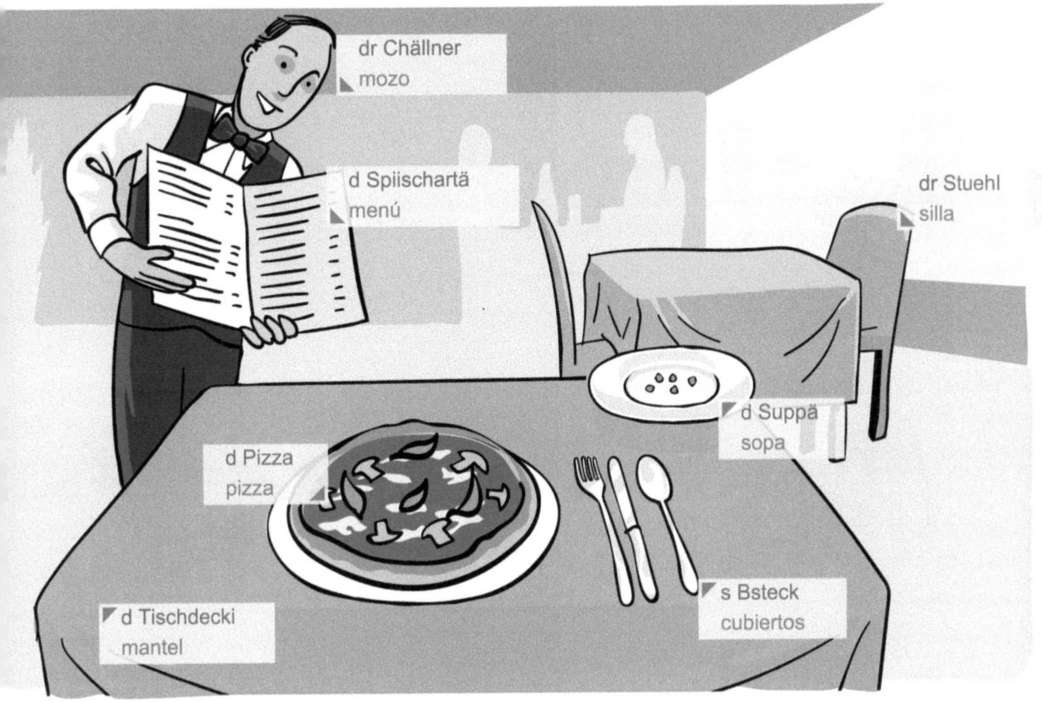
dr Chällner
mozo
d Spiischartä
menú
dr Stuehl
silla
d Suppä
sopa
d Pizza
pizza
s Bsteck
cubiertos
d Tischdecki
mantel

d Vorspiies
entrada

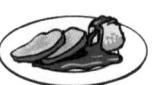

s Hauptgricht
plato principal

s Dessert
postre

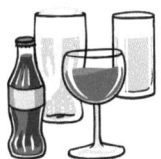

s Getränk
bebidas

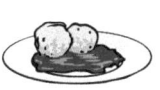

d Läbensmittel
comida

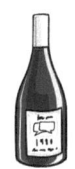

d Fläsche
botella

s Fast Food

comida rápida

s Street Food

comida callejera

d Teechanne

tetera

d Zuckerdosä

azucarera

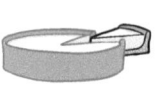

d Portion

porción

d Espressomaschine

cafetera expreso

dr Hochstuehl

sillita alta

d Rächnig

cuenta

s Tablett

bandeja

s Mässer

cuchillo

d Gable

tenedor

dr Löffel

cuchara

dr Teelöffel

cucharita

d Serviette

servilleta

s Glas

vaso

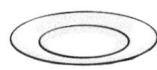

dr Täller
plato

dr Suppetällär
plato hondo

d Untertasse
plato

d Sose
salsa

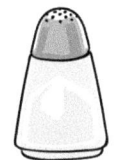

dr Salzstreuer
salero

d Pfäffermühli
molinillo de pimienta

dr Essig
vinagre

s Öl
aceite

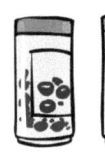

d Gwürz
especias

ds Ketchup
kétchup

dr Sänf
mostaza

d Mayonnaise
mayonesa

dr Läbensmittellade
supermercado

s Ahgebot
oferta especial
FOR
dr Chund
cliente
d Milchprodukt
lácteos
d Frücht
fruta
dr lichaufswage
changuito

BUTCHERS

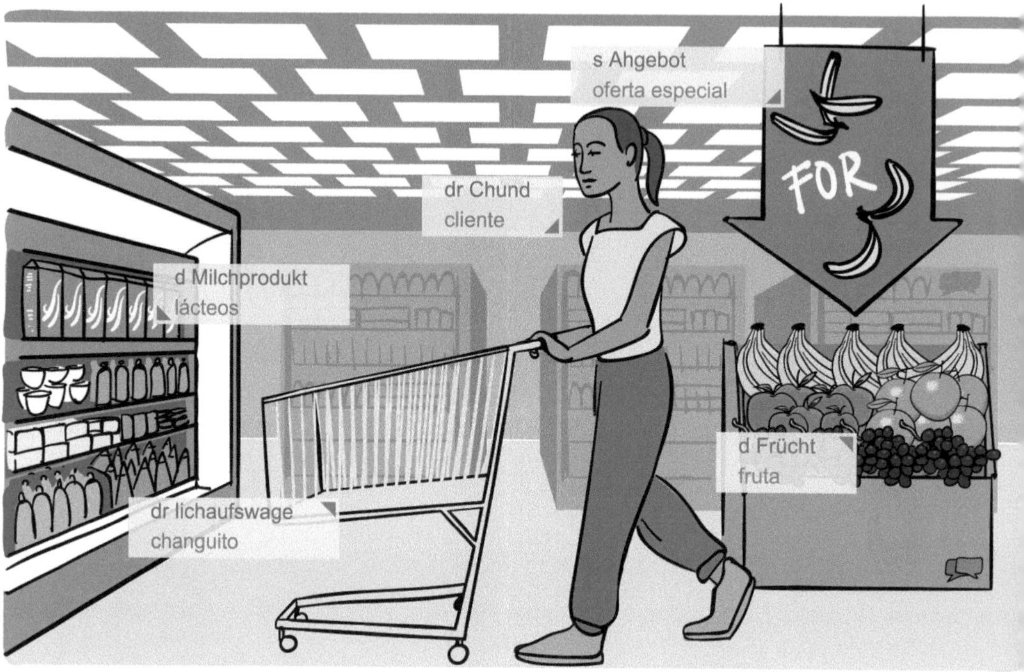

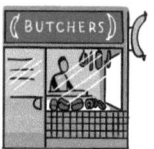

dr Schlachter

carnicería

BAKERY

dr Beck

panadería

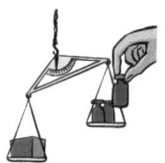

wiege

pesar

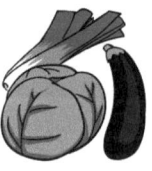

s Gmües

verduras

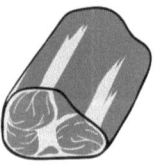

s Fleisch

carne

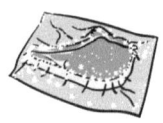

d Tiefkühlprodukt

alimentos congelados

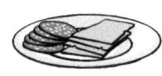

dr Ufschnitt

fiambres

d Konsärve

alimentos enlatados

s Wöschmittel

detergente en polvo

d Süessigkeite

golosinas

d Huushaltartikel

electrodomésticos

s Putzmittel

productos de limpieza

d Verchäuferin

vendedora

d Kassä

caja

dr Kassierer

cajero

d Ihchaufsliste

lista de compras

d Öffnigszite

horario de atención

s Portemonnaie

billetera

d Kreditkarte

tarjeta de crédito

d Täsche

cartera

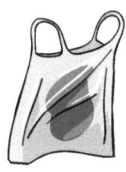

dr Plastiksack

bolsa de plástico

s Wasser

agua

dr Saft

jugo

d Milch

leche

d Cola

bebida cola

dr Wii

vino

s Bier

cerveza

dr Alkohol

alcohol

s Ovi

cacao

dr Tee

té

dr Kafi

café

dr Espresso

café expreso

dr Cappuccino

cappuccino

d Banane

banana

dr Öpfel

manzana

d Orange

naranja

d Melone

melón

d Zitrone

limón

s Rüebli

zanahoria

dr chnoobli

ajo

dr Bambus

bambú

d Zwiblä

cebolla

dr Pilz

champiñón

d Nüss

nueces

d Nudle

fideos

d Spaghetti

tallarines

dr Riis

arroz

dr Salat

ensalada

d Pommfrit

papas fritas

d Bratherdöpfel

papas fritas

d Pizza

pizza

dr Hamburgär

hamburguesa

s Sandwich

sándwich

s Gotlett

churrasco

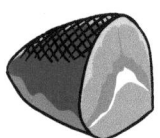

dr Schinkä

jamón

d Salami

salame

s Würschtli

salchicha

s Huehn

pollo

dr Bratä

asado

dr Fisch

pescado

d Haferflocke

copos de avena

s Müesli

muesli

d Cornflakes

copos de maíz

s Mähl

harina

s Gipfeli

medialuna

s Brötli

pancito

s Brot

pan

dr Toscht

tostada

s Guetzli

galletitas

d Butter

manteca

dr Quark

cuajada

dr Chueche

torta

s Ei

huevo

s Spiegelei

huevo frito

dr Chäs

queso

d Glace

helado

dr Zucker

azúcar

dr Honig

miel

d Gonfi

mermelada

d Nougat-Creme

pasta de chocolate

s Curry

curry

dr Buurehof
granja

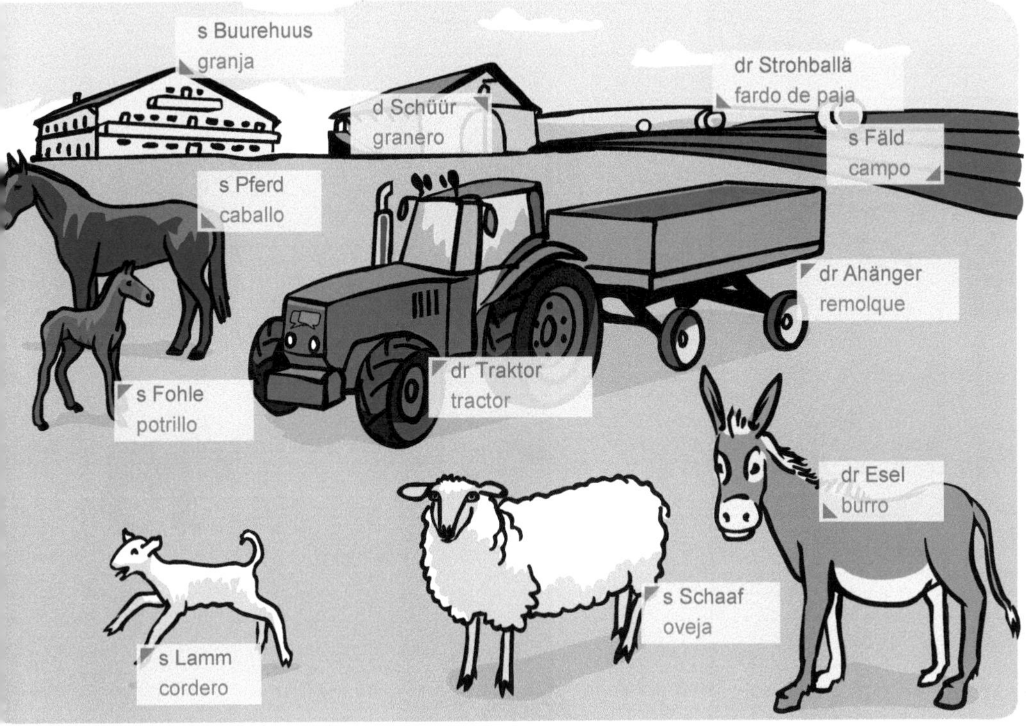

s Buurehuus
granja
d Schüür
granero
dr Strohballä
fardo de paja
s Fäld
campo
s Pferd
caballo
dr Ahänger
remolque
dr Traktor
tractor
s Fohle
potrillo
dr Esel
burro
s Schaaf
oveja
s Lamm
cordero

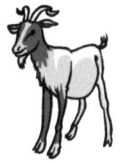

d Geiss

cabra

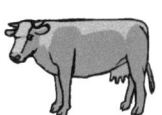

d Chueh

vaca

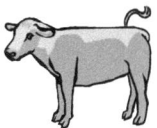

s Chalb

ternero

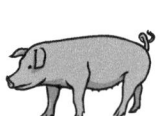

d Sau

cerdo

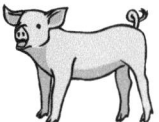

s Ferkel

lechón

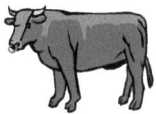

s Rind

toro

d Gans

ganso

d Änte

pato

s Küke

pollo

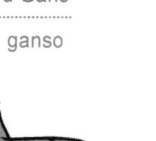

s Huähn

gallina

dr Güggel

gallo

d Ratte

rata

d Chatz

gato

d Muus

ratón

dr Ochse

buey

dr Hund

perro

d Hundehütte

cucha

dr Garteschluuch

manguera

d Giesschanne

regadera

d Sägese

guadaña

dr Pflueg

arado

d Sichel

hoz

d Hacke

azada

d Heugable

horquilla

d Axt

hacha

d Garette

carretilla

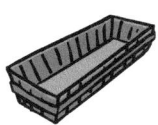

dr Trog

abrevadero

d Milchchanne

lechera

dr Sack

bolsa

dr Haag

reja

dr Gadä

establo

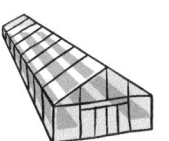

s Gwächshuus

invernadero

dr Bode

suelo

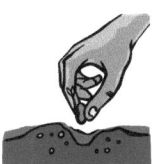

dr Soome

semilla

dr Dünger

fertilizador

dr Mähdrescher

cosechadora

ärnte

cosechar

d Ärnte

cosecha

d Yamswurzle

batatas

dr Weize

trigo

s Soja

soja

dr Härdöpfel

papa

dr Mais

maíz

dr Raps

semilla de colza

dr Obstbaum

árbol frutal

dr Maniok

mandioca

s Getreide

cereales

s Huus
casa

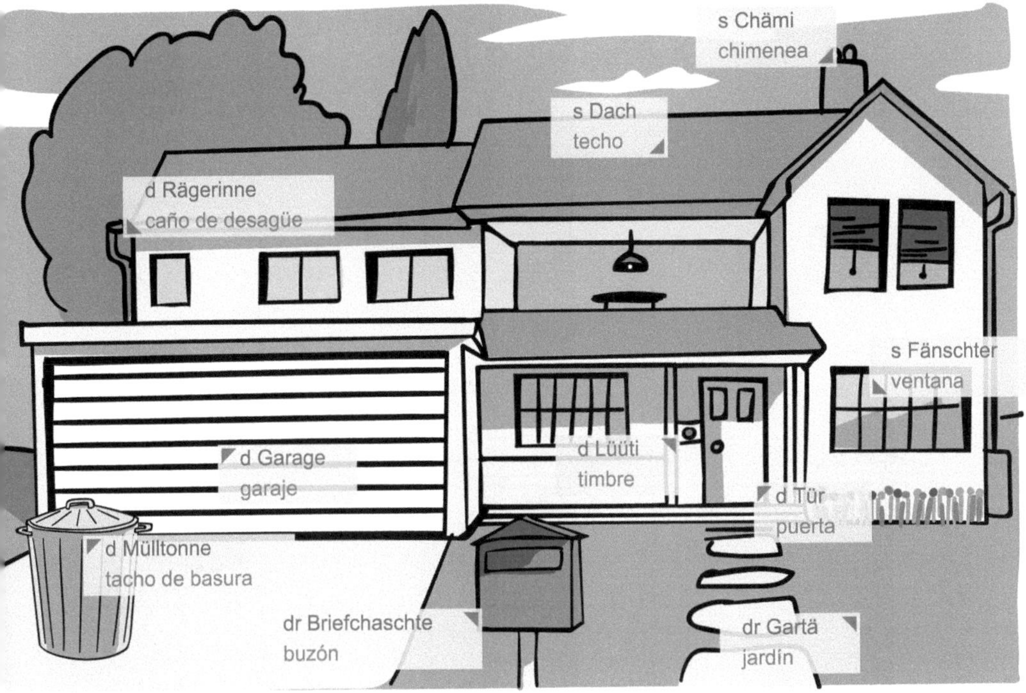
s Chämi
chimenea
s Dach
techo
d Rägerinne
caño de desagüe
s Fänschter
ventana
d Lüüti
timbre
d Garage
garaje
d Tür
puerta
d Mülltonne
tacho de basura
dr Briefchaschte
buzón
dr Gartä
jardín

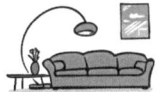

s Stubä
living

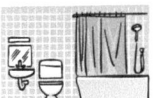

s Badzimmer
baño

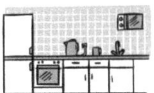

d Chuchi
cocina

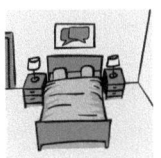

s Schlofzimmer
dormitorio

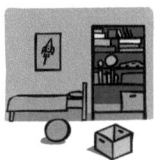

s Chinderzimmer
cuarto de los chicos

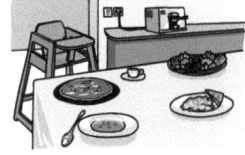

s Ässzimmer
comedor

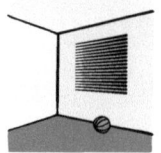

dr Bodä

piso

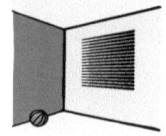

d Wand

pared

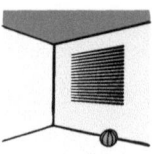

d Decki

cielorraso

dr Chäller

sótano

d Sauna

sauna

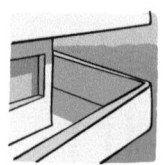

dr Balkon

balcón

d Terasse

terraza

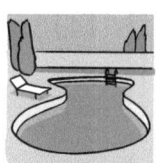

s Pool

pileta

dr Rasemäier

cortadora de pasto

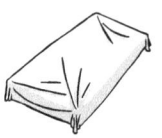

dr Bettbezug

sábana

d Bettdecki

acolchado

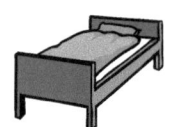

s Bett

cama

dr Bäse

escoba

dr Chübel

balde

dr Schalter

interruptor

s Stubä
living

d Tapete
empapelado
s Bild
imagen
d Lampä
lámpara
s Regal
estante
dr Schrank
armario
dr Färnseh
televisión
dr Kamin
chimenea
d Bluamä
flor
s Chüssi
almohadón
s Sofa
sofá
d Vasä
florero
d Färnbedienig
control remoto

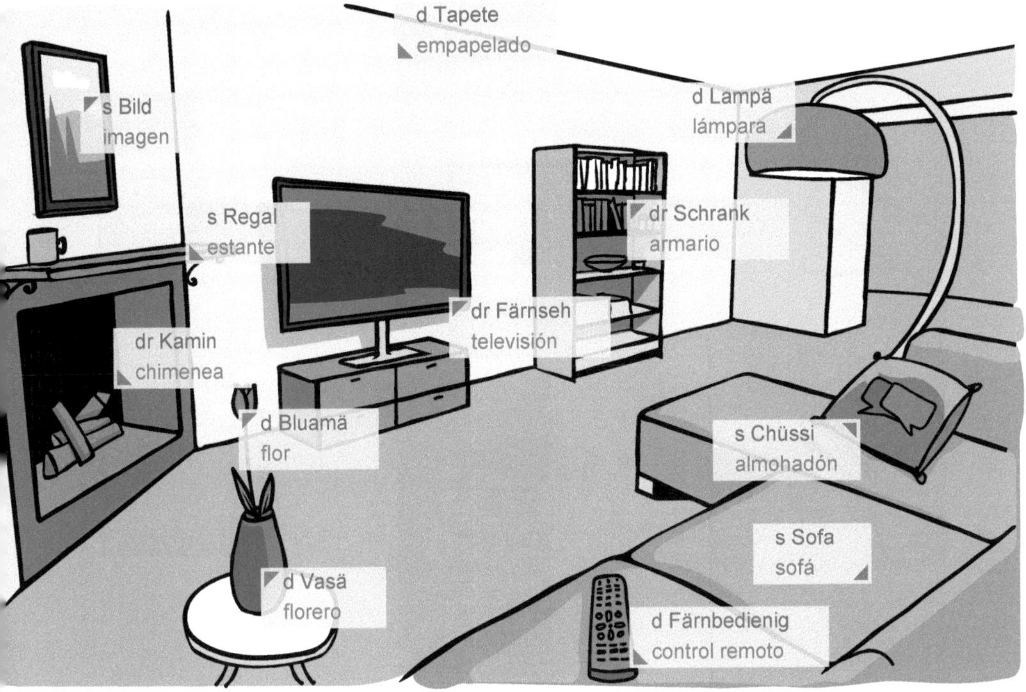

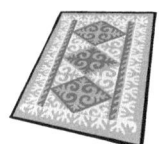

dr Teppich

alfombra

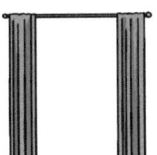

dr Vorhang

cortina

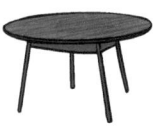

dr Tisch

mesa

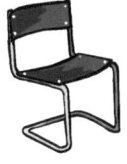

dr Stuehl

silla

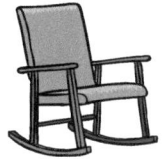

dr Schaukelstuehl

mecedora

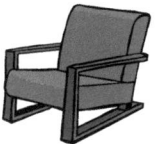

dr Sässel

sillón

s Buech

libro

d Decki

frazada

d Dekoration

decoración

s Füürholz

leña

dr Film

película

d Stereoahlag

equipo de música

dr Schlüssel

llave

d Ziitig

diario

s Bild

pintura

s Poster

póster

s Radio

radio

dr Notizblock

cuaderno

dr Staubsuuger

aspiradora

dr Kaktus

cactus

d Chärze

vela

d Chuchi
cocina

dr Chüelschrank
heladera
d Mikrowällä
microondas
d Chuchiwaag
balanza de cocina
dr Toaster
tostadora
s Wöschmittel
detergente
dr Ofä
horno
s Gfrierfach
freezer
d Mülltonne
tacho de basura
dr Gschirrspüeler
lavaplatos

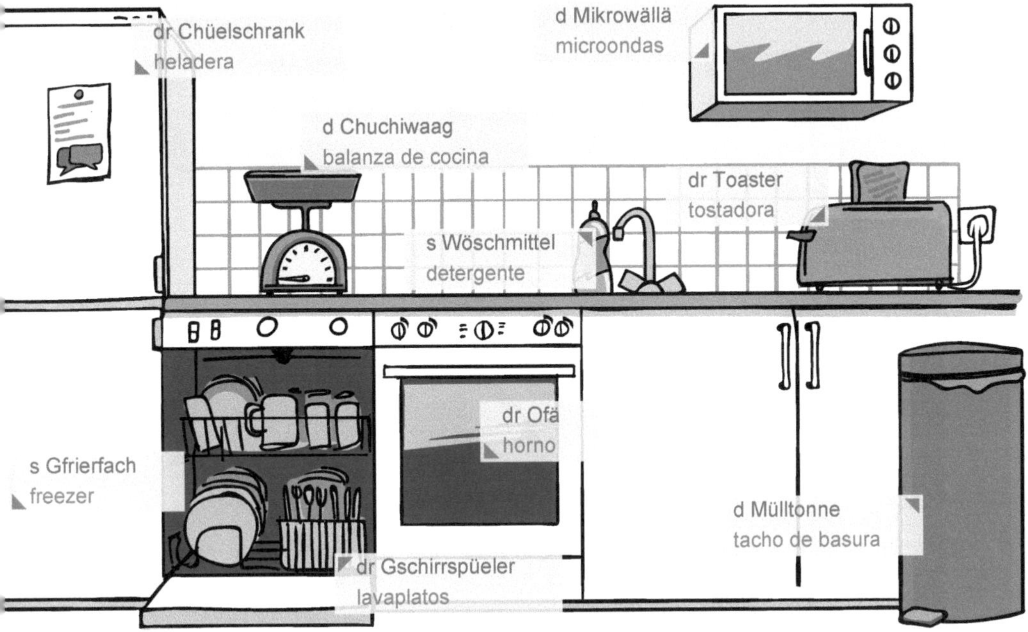

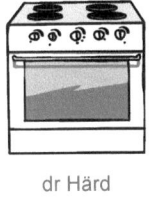

dr Härd
cocina

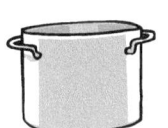

dr Topf
olla

dr Iisetopf
olla de hierro fundido

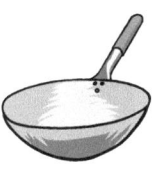

dr Wok / Kadai
wok

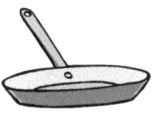

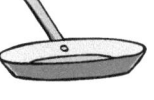

d Pfanne
sartén

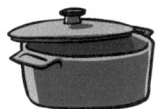

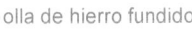

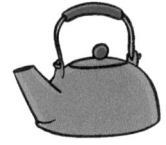

dr Wasserchocher
pava

dr Dampfer

vaporera

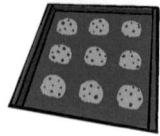

s Bachbläch

bandeja de horno

s Gschirr

vajilla

dr Bächer

taza

d Schale

bol

d Stäbli

palitos

d Suppechellä

cucharón

dr Pfannewänder

estpátula

dr Schneebäse

batidora

s Sieb

colador

s Sieb

colador

d Raffle

rallador

dr Mörser

mortero

dr Grill

parrilla

d Füürstell

fogata

s Schniidbrätt

tabla de picar

s Nudelholz

palo de amasar

dr Korkäzieher

sacacorchos

d Dosä

lata

dr Dosäöffner

abrelatas

dr Topflappä

manopla

s Wöschbecki

pileta

d Bürste

cepillo

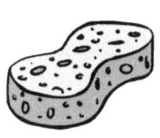

dr Schwumm

esponja

dr Mixer

batidora

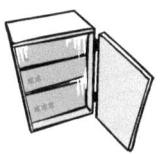

dr Gfrierschrank

congelador

s Babyfläschli

mamadera

dr Hahnä

canilla

s Badzimmer
baño

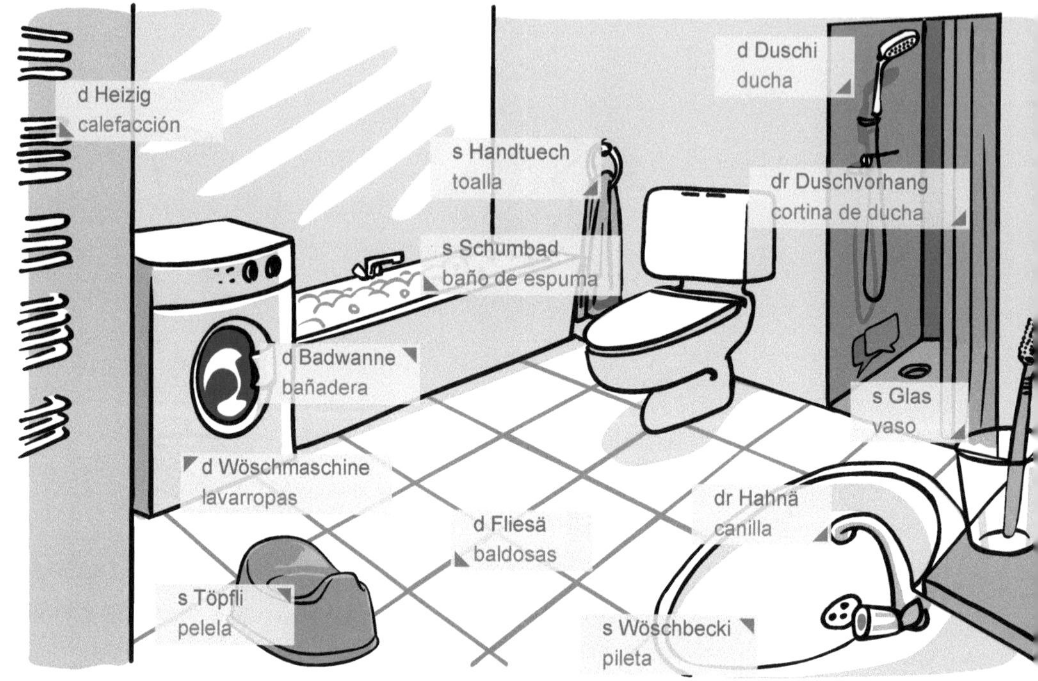

d Heizig
calefacción
s Handtuech
toalla
d Duschi
ducha
dr Duschvorhang
cortina de ducha
s Schumbad
baño de espuma
d Badwanne
bañadera
s Glas
vaso
d Wöschmaschine
lavarropas
dr Hahnä
canilla
d Fliesä
baldosas
s Töpfli
pelela
s Wöschbecki
pileta

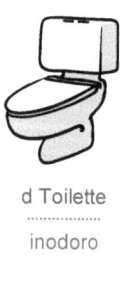

d Toilette
inodoro

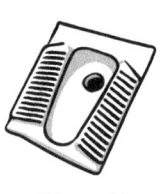

s Plumpsklo
letrina

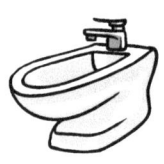

s Bidet
bidé

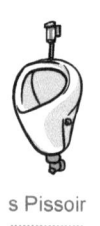

s Pissoir
mingitorio

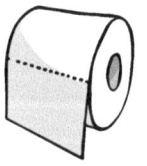

ds Toilettepapier
papel higiénico

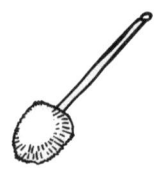

d Toilettebürschteli
cepillo para el inodoro

d Zahbürstä

cepillo de dientes

d Zahpasta

dentífrico

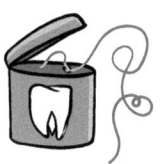

d Zahnsiide

hilo dental

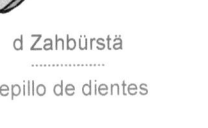

wäsche

lavar

d Handduschi

ducha de mano

d Intiimduschi

ducha higiénica

s Wöschbecki

palangana

d Ruggäbürste

cepillo para espalda

d Seifä

jabón

s Duschgel

gel de ducha

s Shampoo

shampoo

dr Waschlappä

toallita

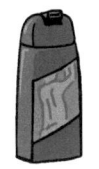

dr Abfluss

desagüe

d Creme

crema

s Deo

desodorante

dr Spiegel

espejo

dr Handspiegel

espejito

dr Rasierer

maquinita de afeitar

dr Rasierschuum

espuma de afeitar

s Aftershave

aftershave

dr Schträäl

peine

d Bürstä

cepillo

dr Föhn

secador de pelo

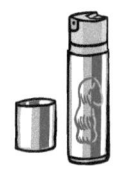

s Hoorspray

spray

s Makeup

maquillaje

dr Lippestift

lápiz de labios

dr Nagellack

esmalte para uñas

d Wattä

algodón

d Nagelscher

tijera para uñas

s Parfum

perfume

s Necessaire

portacosméticos

dr Schemel

banqueta

d Waag

balanza

dr Badmantel

bata

dr Gummihändscheh

guantes de goma

s Tampon

tampón

d Damebinde

toallita femenina

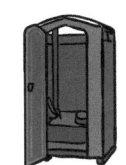

d chemischi Toilette

baño químico

s Chinderzimmer
cuarto de los chicos

dr Wecker
despertador
s Kuscheltier
peluche
s Spielzügauto
coche de juguete
d Rassle
sonajero
s Puppehuus
casa de muñecas
s Gschänk
regalo

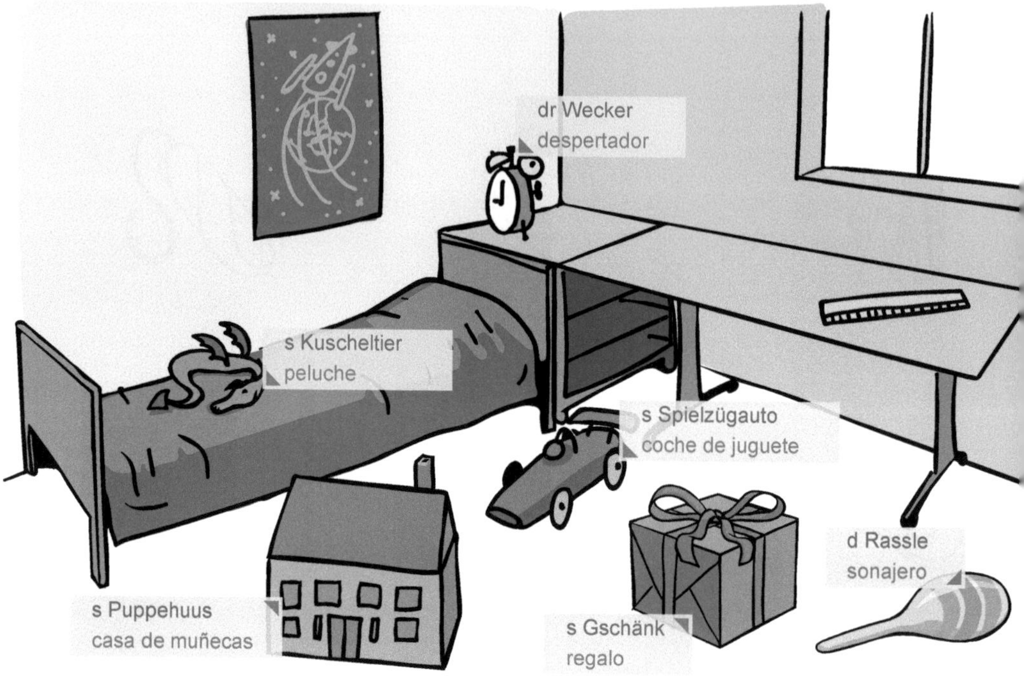

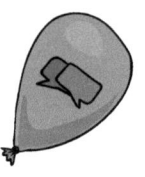

dr Ballon
globo

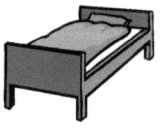

s Bett
cama

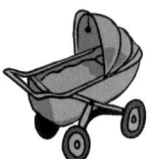

dr Chinderwage
cochecito

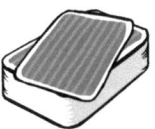

s Chartespiel
cartas

s Puzzle
rompecabezas

SUPER MEGA

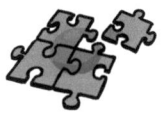

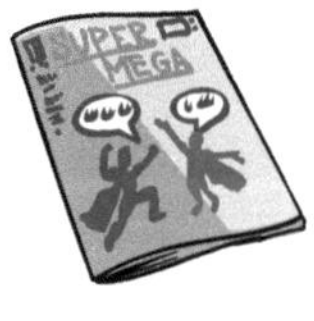

dr Comic
historieta

d Legos

piezas de lego

d Baustei

ladrillos de juguete

d Action Figur

figura de acción

s Strampli

enterito (de bebé)

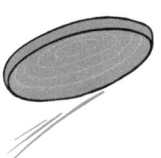

s Frisbee

frisbee

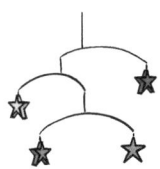

s Mobile

móvil para bebés

s Brättspiel

juego de mesa

dr Würfäl

dados

d Modellisebahn

tren eléctrico

dr Nuggi

chupete

d Party

fiesta

s Bilderbuch

libro de cuentos ilustrado

dr Ball

pelota

d Puppä

muñeca

spiele

jugar

dr Sandchaschte

arenero

d Gigampfi

hamaca

s Spielzüg

juguetes

d Videospielkonsole

consola de videojuegos

s Dreirad

triciclo

dr Teddy

osito de peluche

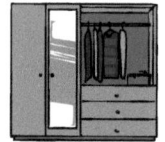

dr Chleiderschrank

armario

d Chleidig

ropa

d Sockä

medias

d Strümpf

medias panty

d Strumpfhosä

calzas

dr Schal
bufanda

dr Rägeschirm
paraguas

s T-Shirt
remera

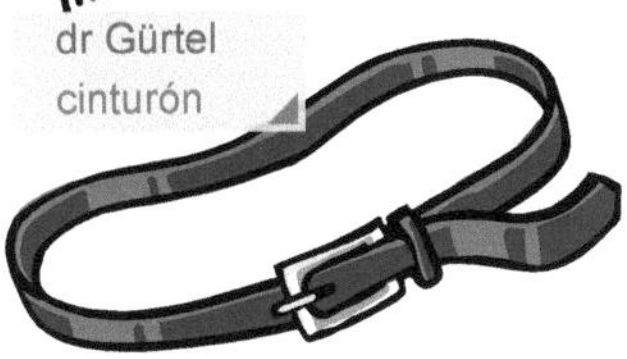

dr Gürtel
cinturón

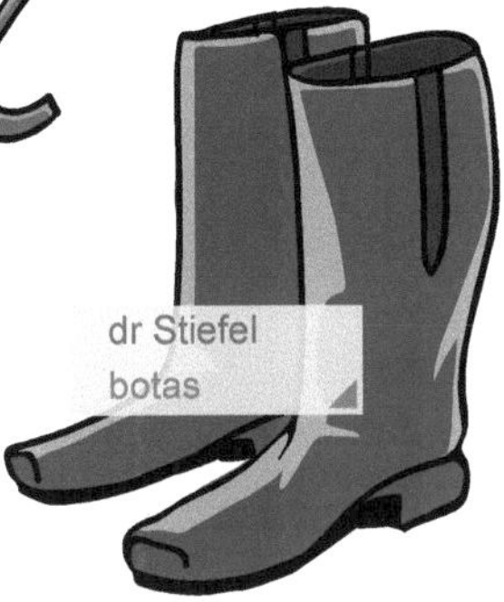

dr Stiefel
botas

d Badschlappe
pantuflas

d Turnschueh
zapatillas

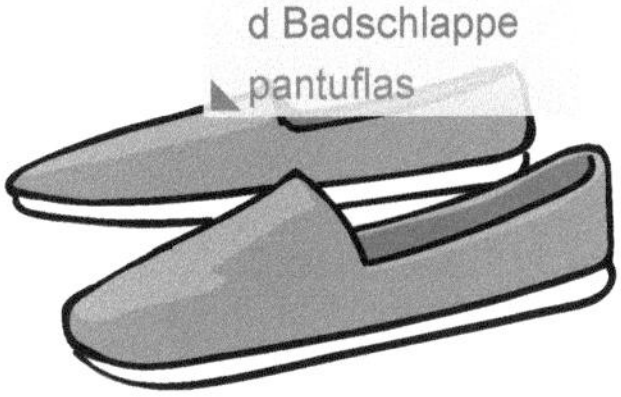

d Sandalä
....
sandalias

d Schueh
....
zapatos

d Gummistiefel
....
botas de goma

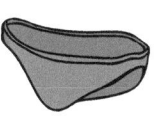

d Untrhosä
....
ropa interior

dr BH
....
corpiño

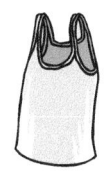

s Underlibli
....
chaleco

dr Body
body

d Hosä
pantalones

d Jeans
jeans

dr Rock
pollera

d Bluse
blusa

s Hömli
camisa

dr Pulli
pulóver

dr Kapuzepulli
buzo

dr Blazer
blazer

d Jacke
campera

dr Mantel
tapado

dr Rägämantel
piloto

s Chostüm
traje

s Chleid
vestido

s Hochziitskleid
vestido de novia

d Chleidig - ropa

dr Ahzug

traje

s Nachthömli

camisón

s Pyjama

pijama

dr Sari

sari

s Chopftuäch

pañuelo para cabeza

dr Turban

turbante

d Burka

burka

dr Kaftan

caftán

d Abaya

abaya

s Badchleid

traje de baño

d Badhose

short de baño

d churzi Hosä

shorts

dr Trainer

jogging

d Schürze

delantal

d Händsche

guantes

dr Chnopf

botón

d Brüllä

anteojos

s Armband

pulsera

d Chetti

collar

dr Ring

anillo

dr Ohrering

aro

d Chappe

gorra

dr Chleiderbügel

percha

dr Huet

sombrero

d Grawattä

corbata

dr Riissverschluss

cierre

dr Helm

casco

dr Hosäträger

tiradores

d Schueluniform

uniforme escolar

d Uniform

uniforme

d Chleidig - ropa

s Lätzli

babero

dr Nuggi

chupete

d Windle

pañal

s Büro

oficina

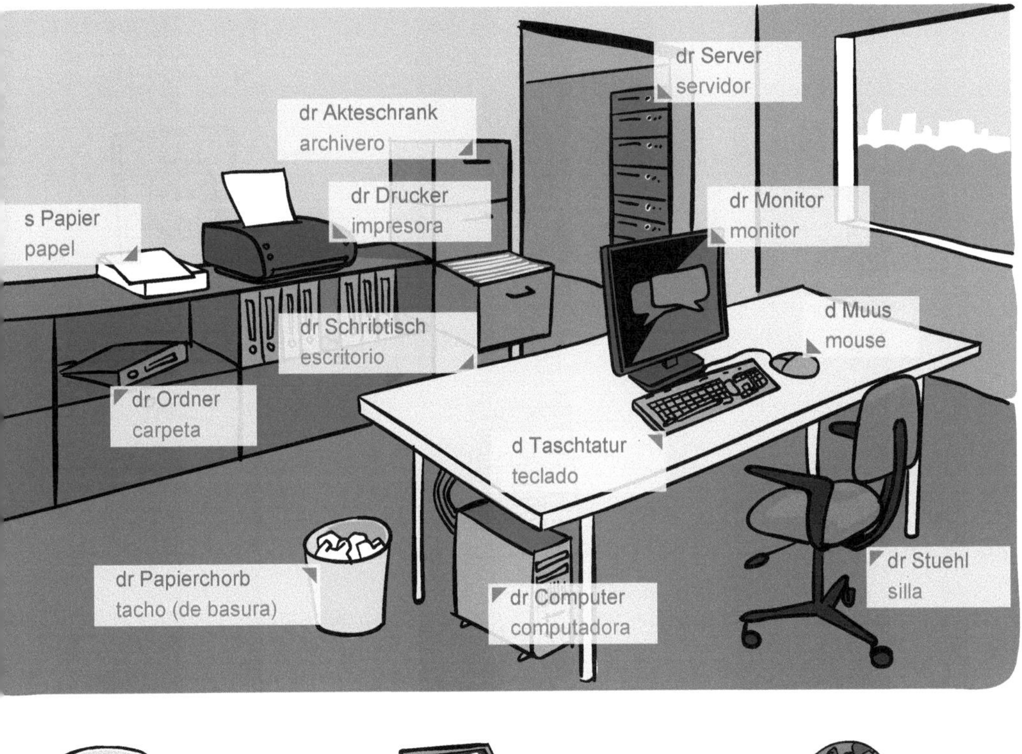

dr Server
servidor

dr Akteschrank
archivero

dr Drucker
impresora

dr Monitor
monitor

s Papier
papel

d Muus
mouse

dr Schribtisch
escritorio

dr Ordner
carpeta

d Taschtatur
teclado

dr Papierchorb
tacho (de basura)

dr Computer
computadora

dr Stuehl
silla

dr Kafibächer

taza de café

dr Tascherächner

calculadora

s Internet

internet

dr Laptop

laptop

dr Brief

carta

d Nochricht

mensaje

s Mobiltelefon

celular

s Netzwärk

red

dr Kopierer

fotocopiadora

d Software

software

s Telefon

teléfono

d Steckdosä

tomacorriente

s Fax

fax

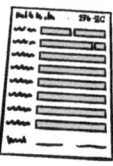

s Formular

formulario

s Dokumänt

documento

chaufe

comprar

zahle

pagar

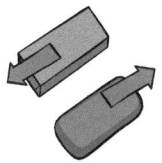

handle

hacer negocios

s Gäld

dinero

 **USD**

dr Dollar

dólar

EUR

dr Euro

euro

JPY

dr Yen

yen

 **RUB**

dr Rubel

rublo

CHF

dr Frankä

franco suizo

CNY

dr Renminbi Yuan

yuan

INR

d Rupie

rupia

dr Gäldautomat

cajero automático

d Wächselstube

casa de cambio

s Gold

oro

s Silber

plata

s Öl

petróleo

d Energie

energía

dr Preis

precio

dr Vertrag

contrato

d Stüür

impuesto

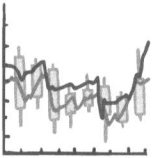

d Aktie

acción

schaffe

trabajar

dr Mitarbeiter

empleado

dr Arbeitgeber

empleador

d Fabrik

fábrica

s Gschäft

negocio

d Brüef
ocupaciones

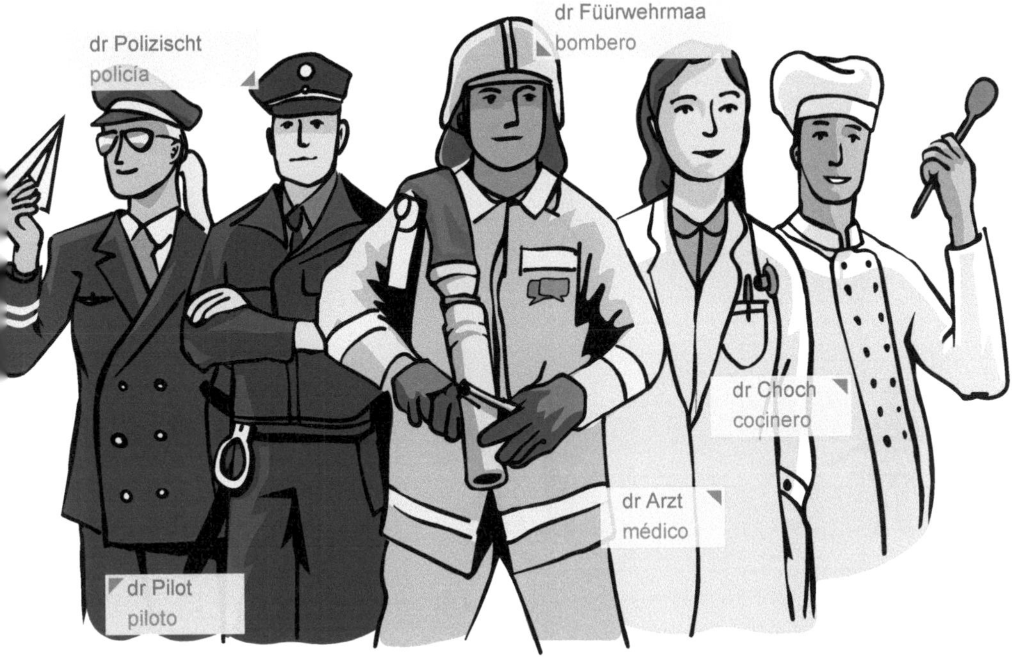

dr Füürwehrmaa
bombero
dr Polizischt
policía
dr Choch
cocinero
dr Arzt
médico
dr Pilot
piloto

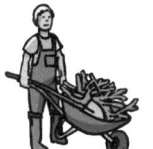

dr Gärtner

jardinero

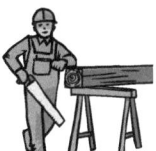

dr Zimmermah

carpintero

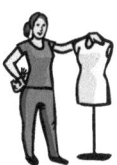

d Näheri

modista

dr Richter

juez

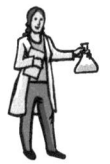

dr Chemiker

farmacéutico

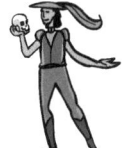

dr Darsteller

actor

dr Busfahrer

colectivero

dr Taxifahrer

taxista

dr Fischer

pescador

d Putzfrau

mucama

dr Dachdecker

techista

dr Chällner

mozo

dr Jäger

cazador

dr Moler

pintor

dr Bäcker

panadero

dr Elektriker

electricista

dr Bauarbeiter

albañil

dr Ingenieur

ingeniero

dr Schlachter

carnicero

dr Klämpner

plomero

dr Pöschtler

cartero

dr Soldat

soldado

dr Architekt

arquitecto

dr Kassierer

cajero

dr Florischt

florista

dr Frisör

peluquero

dr Kontrolleur

cobrador

dr Mechaniker

mecánico

dr Kapitän

capitán

dr Zahnarzt

dentista

dr Wüsseschaftler

científico

dr Rabbi

rabino

dr Imam

imán

dr Mönch

monje

dr Pfarrer

sacerdote

d Werkzüüg
herramientas

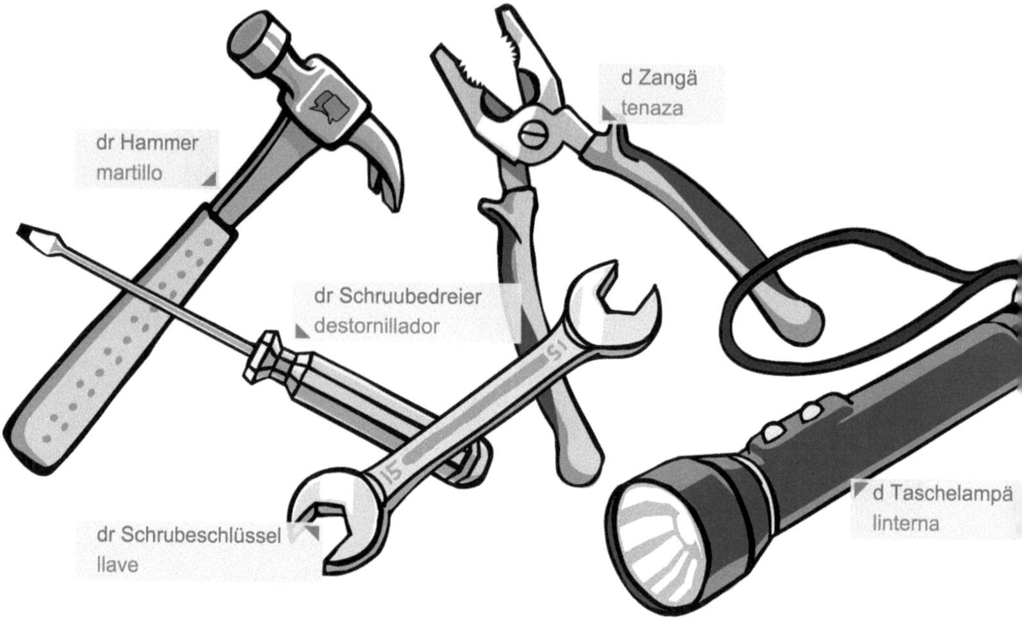
d Zangä
tenaza
dr Hammer
martillo
dr Schruubedreier
destornillador
dr Schrubeschlüssel
llave
d Taschelampä
linterna

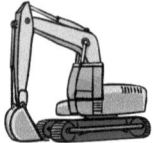

dr Bagger

excavadora

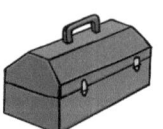

dr Werkzüügchaschte

caja de herramientas

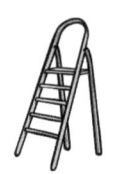

d Leitere

escalera portátil

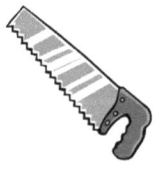

d Sagi

sierra

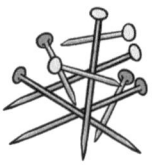

d Negel

clavos

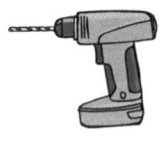

dr Bohrer

taladro

flicke
arreglar

d Schufle
pala de jardín

Mischt!
¡Qué bronca!

d Ascheschufle
pala de plástico

dr Farbchübel
tacho de pintura

d Schruube
tornillos

d Musiginstrumänt

instrumentos musicales

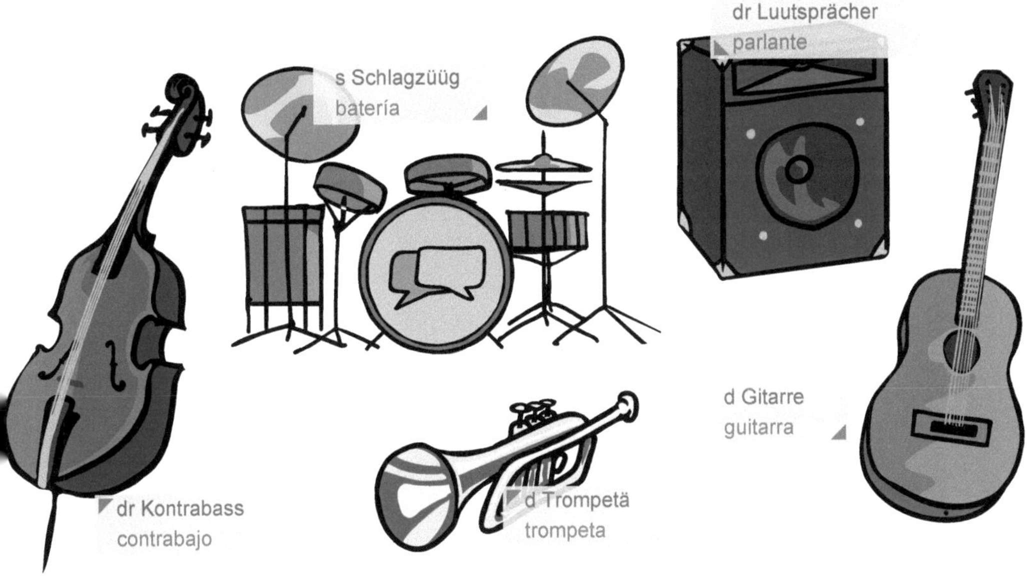

dr Luutsprächer
parlante

s Schlagzüüg
batería

d Gitarre
guitarra

dr Kontrabass
contrabajo

d Trompetä
trompeta

s Klavier

piano

d Violine

violín

dr Bass

bajo

d Pauke

timbales

d Trummle

tambor

s Keyboard

teclado

s Saxophon

saxofón

d Flöte

flauta

s Mikrofon

micrófono

d Musiginstrumänt - instrumentos musicales

dr Zolli
zoológico

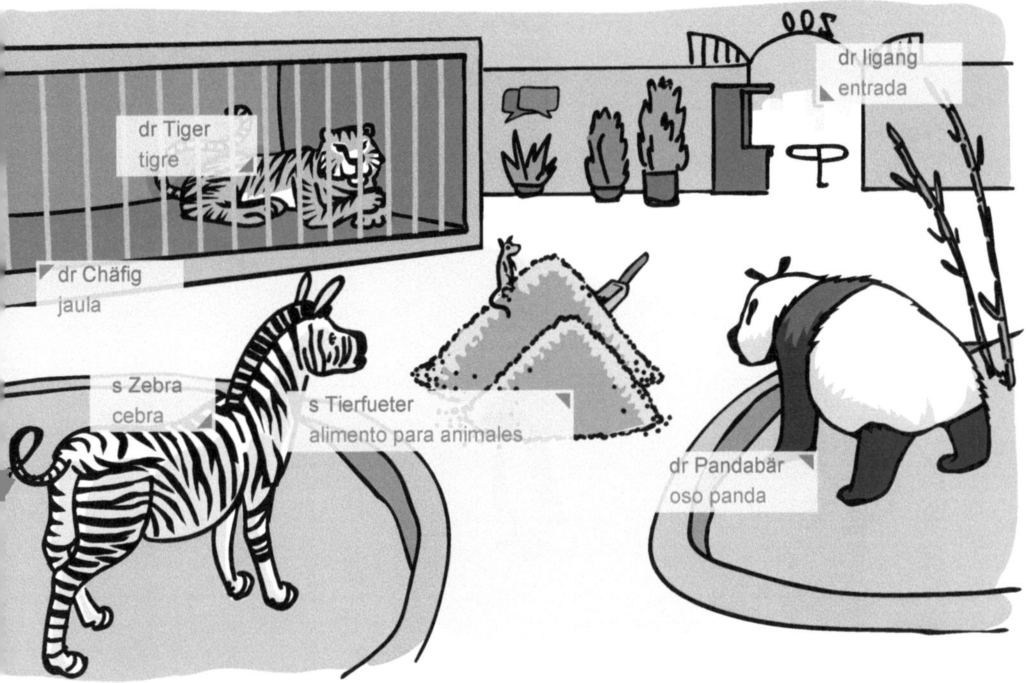

dr Iigang
entrada
dr Tiger
tigre
dr Chäfig
jaula
s Zebra
cebra
s Tierfueter
alimento para animales
dr Pandabär
oso panda

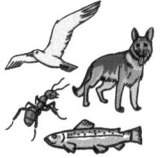

d Tier

animales

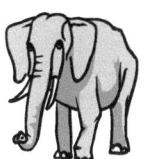

dr Elefant

elefante

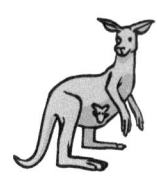

s Känguru

canguro

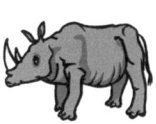

s Nashorn

rinoceronte

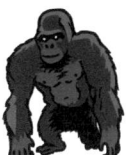

dr Gorilla

gorila

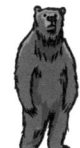

dr Bär

oso

s Kamel

camello

dr Struss

avestruz

dr Leu

león

dr Aff

mono

dr Flamingo

flamenco

dr Papagei

loro

dr Iisbär

oso polar

dr Pinguin

pingüino

dr Hai

tiburón

dr Pfau

pavo real

d Schlangä

serpiente

s Krokodil

cocodrilo

dr Zoowärter

cuidador del zoológico

d Robbä

foca

dr Jaguar

jaguar

s Pony

poni

dr Leopard

leopardo

s Nilpfärd

hipopótamo

d Giraff

jirafa

dr Adler

águila

s Wildschwein

jabalí

dr Fisch

pescado

d Schildkrot

tortuga

s Walross

morsa

dr Fuchs

zorro

d Gazelle

gacela

s American Football
fútbol americano

s Velofahre
ciclismo

s Tennis
tenis

dr Basketball
básquet

s Schwümmä
natación

s lishockey
hockey sobre hielo

s Boxä
boxeo

dr Fuessball
fútbol

s Badminton
bádminton

d Liechtathletik
atletismo

dr Handball
handball

s Skifahre
esquí

s Polo
polo

d Aktivitäte
actividades

springä
saltar
umarme
abrazar
lachä
reír
gah
caminar
singe
cantar
troime
soñar
bätte
rezar
küssä
besar

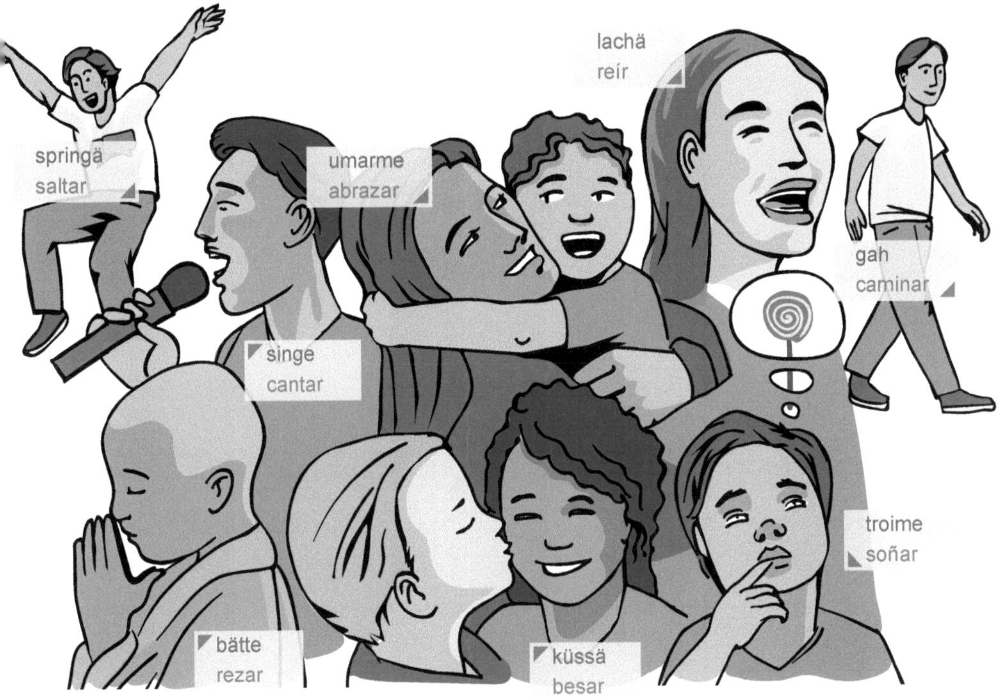

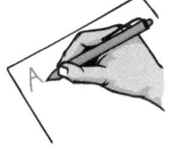

schribe
escribir

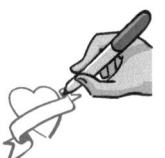

zeichne
dibujar

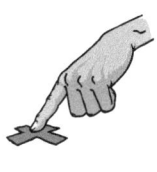

zeige
mostrar

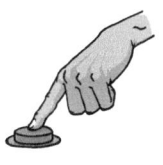

schiebe
presionar

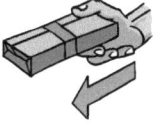

gäh
dar

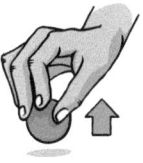

näh
tomar

händ
....
tener

mache
....
hacer

sy
....
ser

stah
....
estar parado

laufe
....
correr

zieh
....
tirar

rüerä
....
tirar

fallä
....
caer

ligge
....
estar acostado

warte
....
esperar

träge
....
llevar

sitze
....
estar sentado

ahzieh
....
vestirse

schlafe
....
dormir

ufwache
....
despertar

ahluege

mirar

brüele

llorar

striichle

acariciar

bürste

peinar

redä

hablar

verschtah

entender

froog

preguntar

lose

escuchar

trinke

beber

ässe

comer

ufruume

ordenar

liebe

amar

chochä

cocinar

fahre

manejar

flüge

volar

segle

navegar

rächne

calcular

läse

leer

leerä

aprender

schaffe

trabajar

hürate

casarse

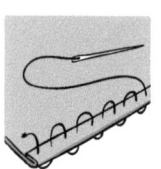

näije

coser

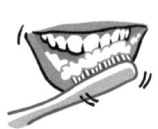

Zäh putze

cepillarse los dientes

töte

matar

schlootä

fumar

sände

enviar

d Familiä
familia

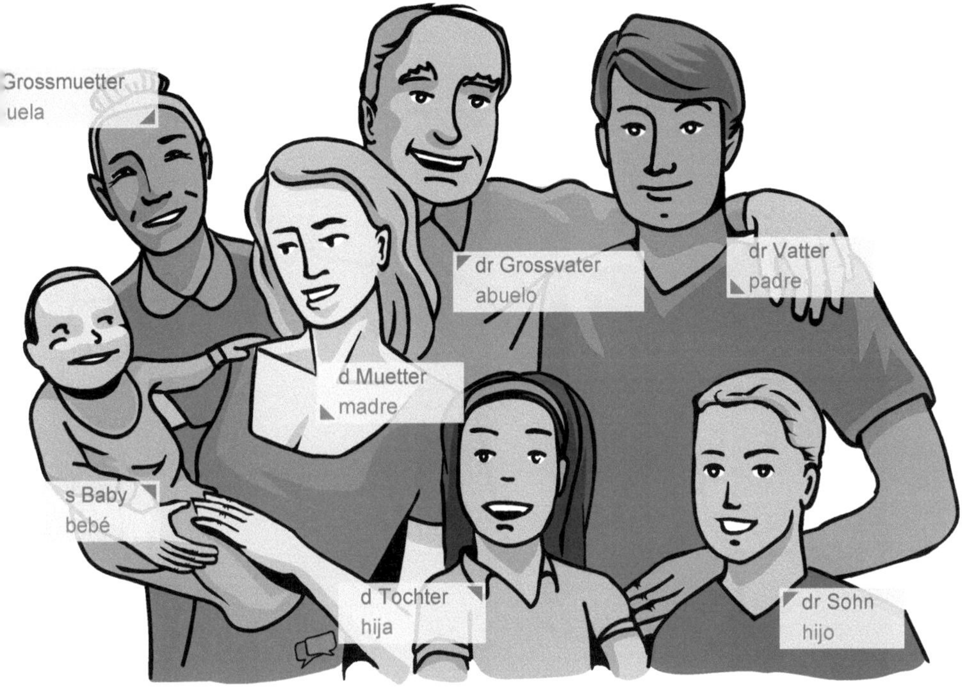
rossmuetter
uela
dr Grossvater
abuelo
dr Vatter
padre
d Muetter
madre
s Baby
bebé
d Tochter
hija
dr Sohn
hijo

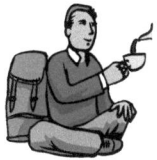

dr Gast

invitado

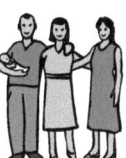

d Tante

tía

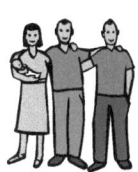

dr Unkel

tío

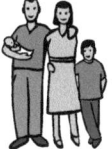

dr Brüeder

hermano

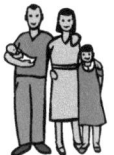

d Schwöschter

hermana

dr Körpär
cuerpo

d Stirn
frente
ds Aug
ojo
d Schultere
hombro
dr Fingär
dedo
s Gsicht
cara
s Chüni
pera
d Hand
mano
s Bei
pierna
d Bruscht
pecho
dr Arm
brazo

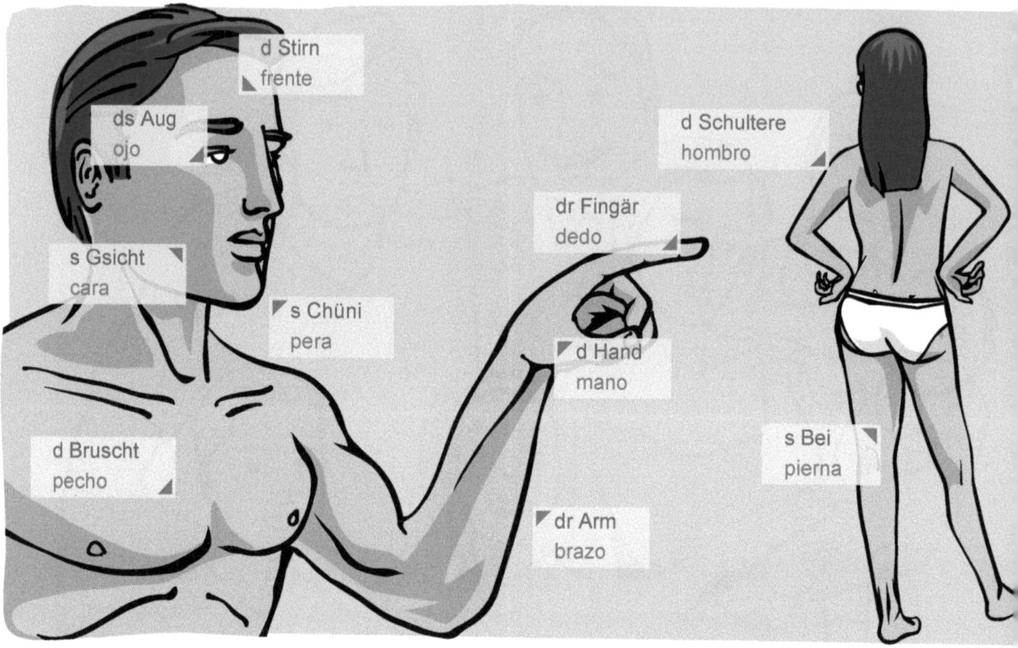

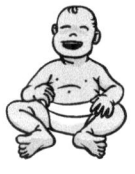

s Baby

bebé

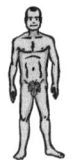

dr Mah

hombre

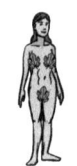

d Frau

mujer

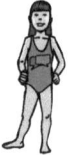

s Meitli

nena

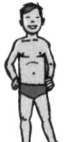

dr Bueb

nene

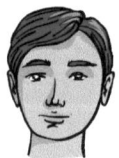

dr Chopf

cabeza

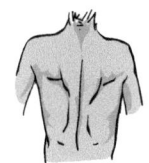

dr Ruggä

espalda

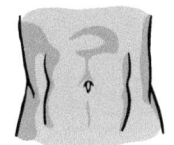

dr Buuch

panza

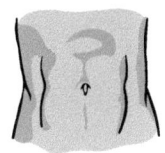

dr Buchnabel

ombligo

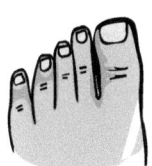

dr Zäche

dedo del pie

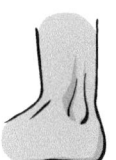

d Fersä

talón

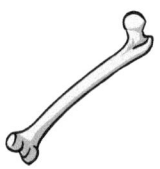

d Knoche

hueso

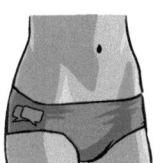

d Hüfte

cadera

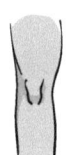

s Chnü

rodilla

dr Ellbogä

codo

d Nase

nariz

s Füdli

cola

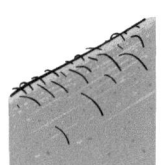

d Hut

piel

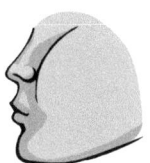

d Bagge

cachete

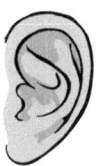

s Ohr

oreja

d Lippe

labio

s Muul

boca

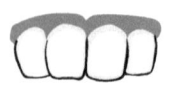

dr Zah

diente

d Zungä

lengua

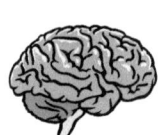

s Hirni

cerebro

s Härz

corazón

dr Muskel

músculo

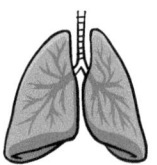

d Lungä

pulmón

d Läberä

hígado

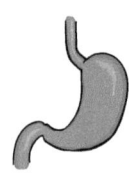

dr Magen

estómago

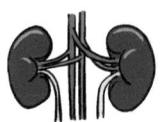

d Nierä

riñones

dr Gschlächtsvrkehr

sexo

s Kondom

preservativo

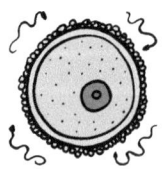

d Eizälle

óvulo

dr Soome

semen

d Schwangerschaft

embarazo

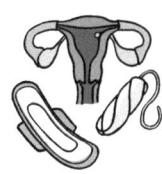

d Menstruation

menstruación

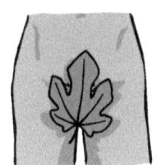

d Vagina

vagina

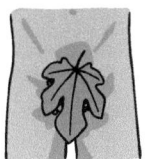

dr Penis

pene

d Augebrauä

ceja

s Haar

pelo

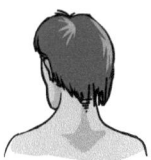

dr Hals

cuello

s Spital
hospital

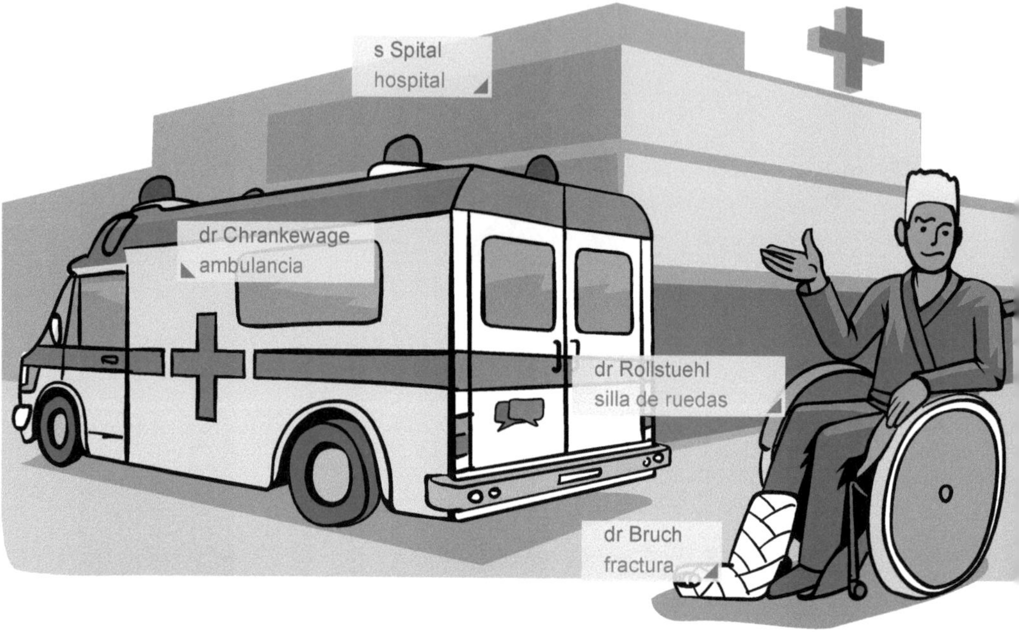

s Spital
hospital
dr Chrankewage
ambulancia
dr Rollstuehl
silla de ruedas
dr Bruch
fractura

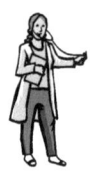

dr Arzt

médico

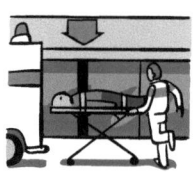

d Notufnahm

sala de guardia

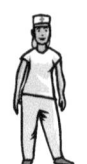

d Chrankeschwöschter

enfermera

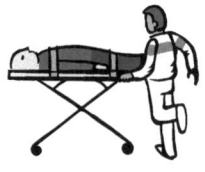

dr Notfall

emergencia

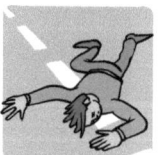

ohnmächtig

inconsciente

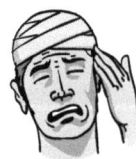

dr Schmärz

dolor

d Verletzig

lesión

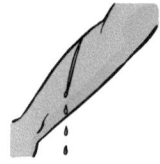

d Bluätig

hemorragia

dr Härzinfarkt

infarto

dr Schlagahfall

ACV

d Allergie

alergia

dr Hueschtä

tos

s Fieber

fiebre

d Grippe

gripe

dr Durchfall

diarrea

d Kopfschmärze

dolor de cabeza

dr Kräbs

cáncer

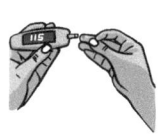

dr Diabetes

diabetes

dr Chirurg

cirujano

s Skalpell

bisturí

d Operation

operación

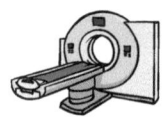

s CT

TC

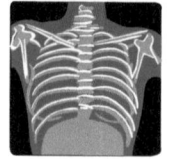

s Röntgä

rayos x

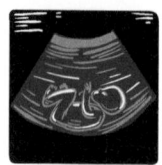

s Ultraschall

ecografía

d Gsichtsmaske

barbijo

d Krankhet

enfermedad

s Wartezimmer

sala de espera

d Krückä

muleta

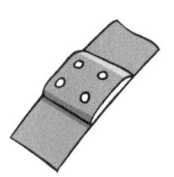

s Pflaster

curita

dr Vrband

venda

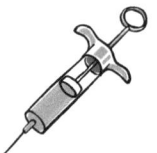

d Injektion

inyección

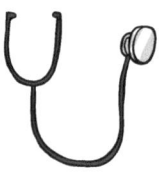

s Stethoskop

estetoscopio

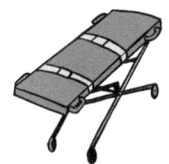

d Trage

camilla

s Thermometer

termómetro

d Geburt

nacimiento

s Übergwicht

sobrepeso

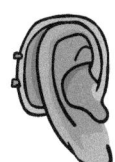

s Hörgrät

audífono

s Desinfektionsmittel

desinfectante

d Infektion

infección

s Virus

virus

s HIV / AIDS

VIH / SIDA

d Medizin

remedio

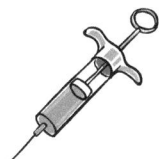

d Impfig

vacunación

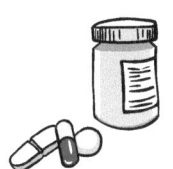

d Tablette

comprimidos

d Pille

pastilla anticonceptiva

dr Notruef

llamada de emergencia

s Bluetdruck-Mässgrät

tensiómetro

chrank / gsund

enfermo / sano

Hiufe!

¡Ayuda!

dr Alarm

alarma

dr Überfall

agresión

dr Ahgriff

ataque

d Gfohr

peligro

dr Notuusgang

salida de emergencia

Füür!

¡Fuego!

dr Füürlöscher

matafuego

dr Unfall

accidente

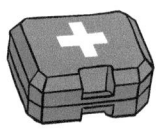

dr Ersti-Hilf-Koffer

botiquín de primeros
auxilios

SOS

SOS

d Polizei

policía

s Europa

Europa

s Nordamerika

América del Norte

s Südamerika

América del Sur

s Afrika

África

s Asie

Asia

s Auschtralie

Australia

dr Atlantik

Atlántico

dr Pazifik

Pacífico

dr Indische Ozean

Océano Índico

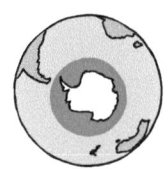

dr Antarktische Ozean

Océano Antártico

dr Arktische Ozean

Océano Ártico

dr Nordpol

polo norte

dr Südpol

polo sur

d Antarktis

Antártida

d Ärde

Tierra

s Land

tierra

s Meer

mar

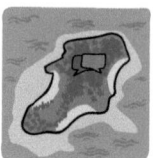

d Inslä

isla

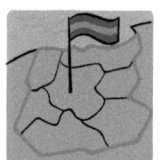

d Nation

nación

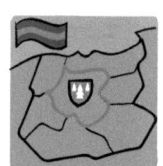

dr Staat

estado

s Ziffereblatt

esfera

dr Stundezeiger

manecilla de las horas

dr Minutezeiger

minutero

dr Sekundezeiger

segundero

Wie spaht isch es?

¿Qué hora es?

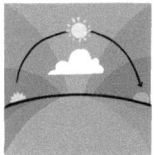

dr Tag

día

d Zit

hora

jetzt

ahora

d Digitaluhr

reloj digital

d Minute

minuto

d Stunde

hora

semana

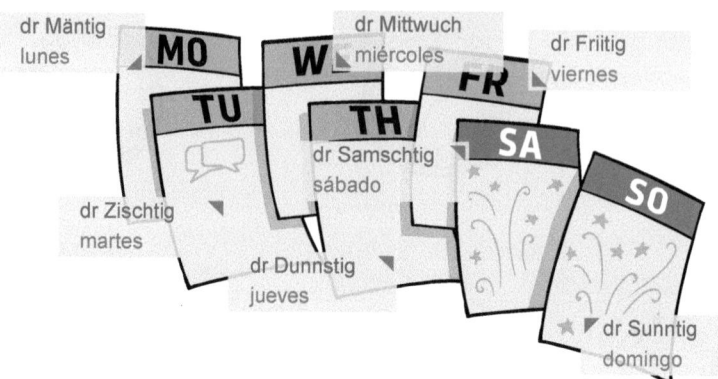

dr Mäntig / lunes
dr Mittwuch / miércoles
dr Friitig / viernes
dr Zischtig / martes
dr Samschtig / sábado
dr Dunnstig / jueves
dr Sunntig / domingo

geschter
....
ayer

hüt
....
hoy

morn
....
mañana

dr Morgä
....
mañana

dr Mittag
....
mediodía

dr Aabig
....
tarde

MO	TU	WE	TH	FR	SA	SU
1	2	3	4	5	6	7
8	9	10	11	12	13	14
15	16	17	18	19	20	21
22	23	24	25	26	27	28
29	30	31	1	2	3	4

d Wärktag
....
días hábiles

MO	TU	WE	TH	FR	SA	SU
1	2	3	4	5	6	7
8	9	10	11	12	13	14
15	16	17	18	19	20	21
22	23	24	25	26	27	28
29	30	31	1	2	3	4

s Wuchenänd
....
fin de semana

dr Räge
lluvia

dr Rägeboge
arco iris

dr Schnee
nieve

dr Wind
viento

dr Früelig
primavera

dr Herbscht
otoño

dr Summer
verano

dr Winter
invierno

4.APRIL	11°	☀
5.APRIL	4°	☁
6.APRIL	13°	☂
7.APRIL	8°	☀
8.APRIL	10°	☀

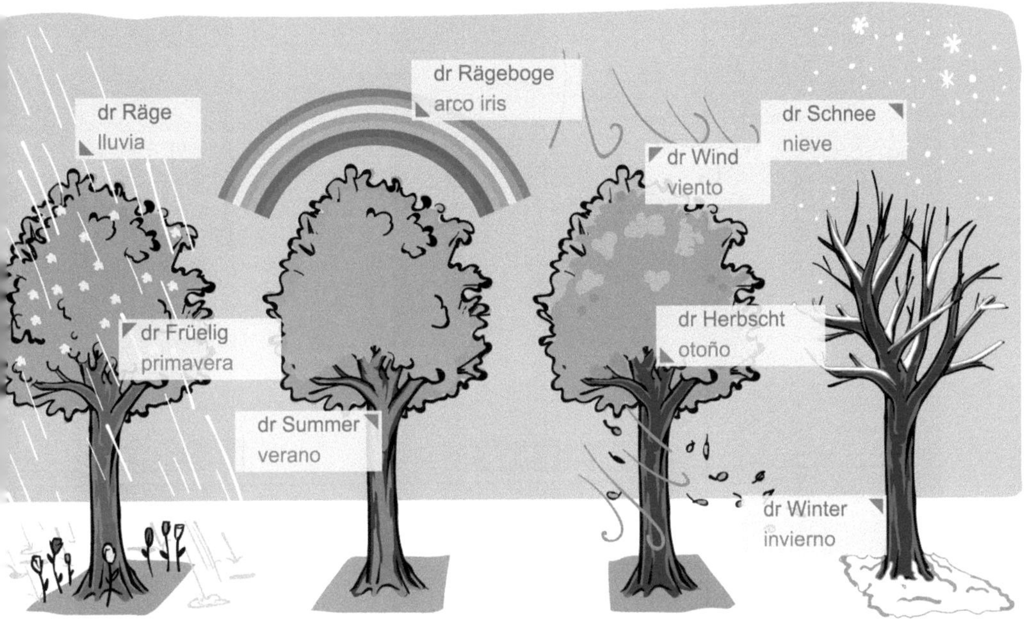

d Wättervorhärsag

pronóstico meteorológico

s Thermometer

termómetro

dr Sunneschiin

luz del sol

d Wolkä

nube

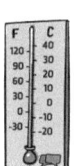

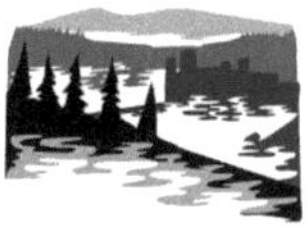

d Näbel

niebla

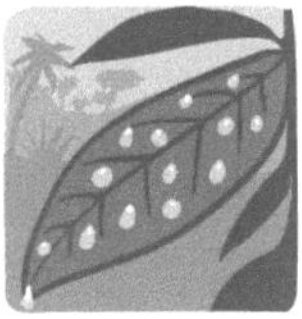

d Fiechtigkeit

humedad

dr Blitz

rayo

dr Dunner

trueno

dr Sturm

tormenta

d Hagel

granizo

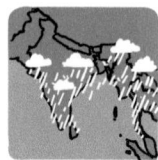

dr Monsun

monzón

d Fluet

inundación

s Iis

hielo

dr Januar

enero

dr Februar

febrero

dr März

marzo

dr April

abril

dr Mai

mayo

dr Juni

junio

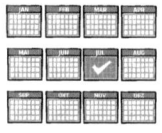

dr Juli

julio

dr Auguscht

agosto

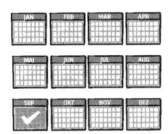

dr Septämber
....
septiembre

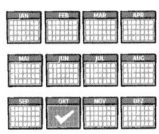

dr Oktober
....
octubre

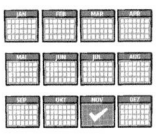

dr Novämber
....
noviembre

dr Dezämber
....
diciembre

d Forme
formas

dr Kreis
....
círculo

s Quadrat
....
cuadrado

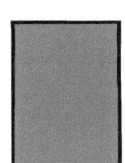

s Rächteck
....
rectángulo

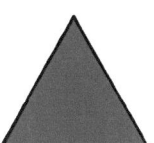

s Dreieck
....
triángulo

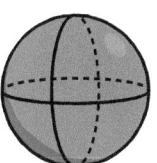

d Chugele
....
esfera

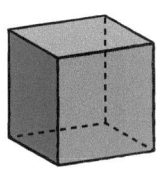

dr Würfel
....
cubo

wiss
....
blanco

gäl
....
amarillo

orange
....
naranja

pink
....
rosa

rot
....
rojo

liila
....
violeta

blau
....
azul

grüen
....
verde

bruun
....
marrón

grau
....
gris

schwarz
....
negro

viel / wenig

mucho / poco

hässig / ruhig

enojado / tranquilo

hübsch / hässlich

lindo / feo

dr Ahfang / s Ändi

principio / fin

gross / chli

grande / chico

hell / dunkel

claro / oscuro

r Brüeder / d Schwöschter

hermano / hermana

suuber / dräckig

limpio / sucio

vollständig / unvollständig

completo / incompleto

dr Tag / d Nacht

día / noche

tot / läbig

muerto / vivo

breit / schmal

ancho / angosto

ässbar / nid ässbar

comestible / no comestible

bös / fründlich

malo / amable

uffreggt / glangwilt

entusiasmado / aburrido

dick / dünn

gordo / flaco

zerscht / zletscht

primero / último

dr Fründ / dr Find

amigo / enemigo

voll / läär

lleno / vacío

hart / weich

duro / blando

schwer / liecht

pesado / liviano

dr Hunger / dr Durscht

hambre / sed

chrank / gsund

enfermo / sano

illegal / legal

ilegal / legal

intelligänt / gatz

inteligente / estúpido

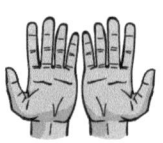

links / rächts

izquierda / derecha

nöch / wiit weg

cerca / lejos

neu / bruucht

nuevo / usado

nüt / öpis

nada / algo

alt / jung

viejo / joven

ah / uss

encendido / apagado

offe / zue

abierto / cerrado

lislig / luut

silencioso / ruidoso

riich / arm

rico / pobre

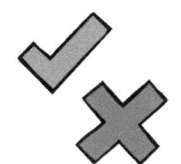

richtig / falsch

correcto / incorrecto

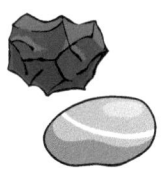

rau / glatt

áspero / suave

truurig / glücklich

triste / contento

churz / lang

corto / largo

langsam / schnäll

lento / rápido

nass / trochä

mojado / seco

warm / chalt

caliente / frío

dr Chrieg / dr Friede

guerra / paz

0

Null

cero

1

eis

uno

2

zwei

dos

3

drü

tres

4

vier

cuatro

5

foif

cinco

6

sächs

seis

7

sibe

siete

8

acht

ocho

9

nün

nueve

10

zäh

diez

11

elf

once

12

zwölf
doce

13

drizäh
trece

14

vierzäh
catorce

15

füfzäh
quince

16

sächzäh
dieciséis

17

siebzäh
diecisiete

18

achtzäh
dieciocho

19

nünzäh
diecinueve

20

zwänzg
veinte

100

Hundert
cien

1.000

Tuusig
mil

1.000.000

Million
millón

Änglisch

inglés

Amerikanischs Änglisch

inglés americano

Chinesisch Mandarin

chino mandarín

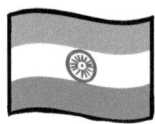

Hindi

hindi

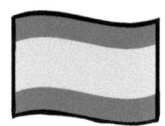

Spanisch

español

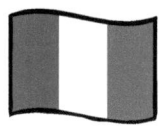

Französisch

francés

Arabisch

árabe

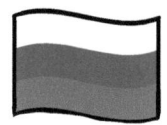

Russisch

ruso

Portugiesisch

portugués

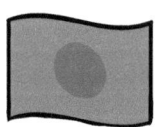

Bengalisch

bengalí

Dütsch

alemán

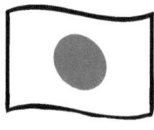

Japanisch

japonés

ich
yo

du
vos

är / sie / es
él / ella

mir
nosotros

ihr
ustedes

sie
ellos

wär?
¿quién?

was?
¿qué?

wie?
¿cómo?

wo?
¿dónde?

wänn?
¿cuándo?

Name
nombre

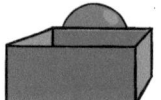

hinder

detrás

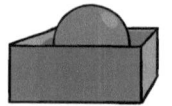

in

en

vor

adelante de

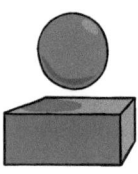

über

por encima de

uf

sobre

under

debajo de

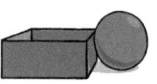

näbe

al lado de

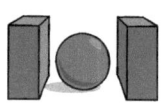

zwüsche

entre

dr Ort

lugar